This Journal Belongs To

State Parks *Checklist*

- ❑ 1. Anasazi State Park Museum
- ❑ 2. Antelope Island State Park
- ❑ 3. Bear Lake State Park
- ❑ 4. Camp Floyd State Park Museum
- ❑ 5. Coral Pink Sand Dunes State Park
- ❑ 6. Dead Horse Point State Park
- ❑ 7. Deer Creek State Park
- ❑ 8. East Canyon State Park
- ❑ 9. Echo State Park
- ❑ 10. Edge of the Cedars State Park
- ❑ 11. Escalante Petrified Forest State Park
- ❑ 12. Flight Park State Recreation Area
- ❑ 13. Fred Hayes State Park at Starvation
- ❑ 14. Fremont Indian State Park and Museum
- ❑ 15. Frontier Homestead State Park Museum
- ❑ 16. Goblin Valley State Park
- ❑ 17. Goosenecks State Park
- ❑ 18. Great Salt Lake State Park
- ❑ 19. Green River State Park
- ❑ 20. Gunlock State Park
- ❑ 21. Historic Union Pacific Rail Trail
- ❑ 22. Huntington State Park
- ❑ 23. Hyrum Lake State Park
- ❑ 24. Jordan River Off-Highway Vehicle State Park
- ❑ 25. Jordanelle State Park
- ❑ 26. Kodachrome Basin State Park
- ❑ 27. Lost Creek State Park
- ❑ 28. Millsite State Park
- ❑ 29. Otter Creek State Park
- ❑ 30. Palisade State Park
- ❑ 31. Piute State Park
- ❑ 32. Quail Creek State Park
- ❑ 33. Red Fleet State Park
- ❑ 34. Rockport State Park
- ❑ 35. Sand Hollow State Park
- ❑ 36. Scofield State Park
- ❑ 37. Snow Canyon State Park
- ❑ 38. Steinaker State Park
- ❑ 39. Territorial State House State Park Museum
- ❑ 40. This is The Place Heritage Park
- ❑ 41. Utah Field House of Natural History State Park Museum
- ❑ 42. Utah Lake State Park
- ❑ 43. Utahraptor State Park
- ❑ 44. Wasatch Mountain State Park
- ❑ 45. Willard Bay State Park
- ❑ 46. Yuba State Park

National *Checklist*

- ❑ 1. Arches National Park
- ❑ 2. Bryce Canyon National Park
- ❑ 3. Canyonlands National Park
- ❑ 4. Capitol Reef National Park
- ❑ 5. Cedar Breaks National Monument
- ❑ 6. Dinosaur National Monument
- ❑ 7. Flaming Gorge National Recreation Area
- ❑ 8. Glen Canyon National Recreation Area
- ❑ 9. Golden Spike National Historic Site
- ❑ 10. Hovenweep National Monument
- ❑ 11. Little Sahara National Recreation Area
- ❑ 12. Sweet Ranch National Historic Site
- ❑ 13. Timpanogos Cave National Monument
- ❑ 14. Zion National Park

Add to your bucket list:

- ❑ Fort Buenaventura (Former State Park)
- ❑ Monument Valley Navajo Tribal Park
- ❑ Temple Square
- ❑ ________________
- ❑ ________________
- ❑ ________________
- ❑ ________________
- ❑ ________________
- ❑ ________________
- ❑ ________________
- ❑ ________________
- ❑ ________________

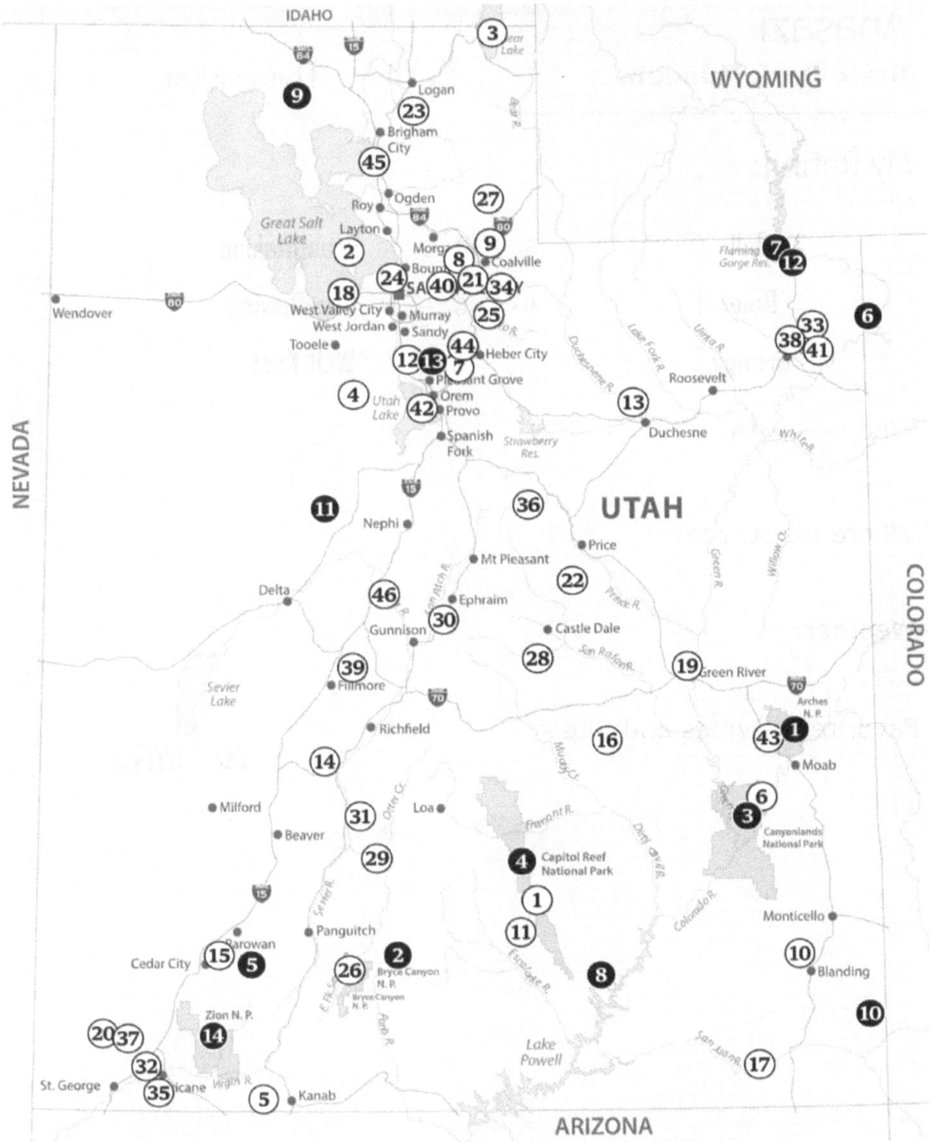
IDAHO
WYOMING
NEVADA
UTAH
COLORADO
ARIZONA
Logan
Brigham City
Ogden
Roy
Layton
Great Salt Lake
Coalville
Wendover
West Valley City
West Jordan
Murray
Sandy
Tooele
Heber City
Pleasant Grove
Orem
Provo
Utah Lake
Spanish Fork
Strawberry Res.
Roosevelt
Duchesne
Flaming Gorge Res.
Nephi
Price
Mt Pleasant
Ephraim
Delta
Gunnison
Castle Dale
Green River
Fillmore
Sevier Lake
Richfield
Arches N. P.
Moab
Milford
Loa
Beaver
Capitol Reef National Park
Canyonlands National Park
Monticello
Panguitch
Parowan
Cedar City
Bryce Canyon N. P.
Blanding
Zion N. P.
Lake Powell
St. George
Kanab

- ❑ ______
- ❑ ______
- ❑ ______
- ❑ ______
- ❑ ______
- ❑ ______
- ❑ ______
- ❑ ______
- ❑ ______
- ❑ ______
- ❑ ______
- ❑ ______
- ❑ ______
- ❑ ______
- ❑ ______
- ❑ ______
- ❑ ______
- ❑ ______

Anasazi

State Park Museum

Dates Visited:

My Rating: ☆ 1 ☆ 2 ☆ 3 ☆ 4 ☆ 5
(Circle or Shade)

Scenery:	**Dull**	1	2	3	4	5	6	7	8	9	10	**Breathtaking**
Crowds:	**Quiet**	1	2	3	4	5	6	7	8	9	10	**Overflowing**
Facilities:	**Grungy**	1	2	3	4	5	6	7	8	9	10	**Well-Kept**

Who was with:

Where we stayed:

Weather:

Favorite Activities and Sites:

Wildlife:

Recommendations for others (or for next time):

Memories

- Park Stamps -

Antelope Island
State Park

Dates Visited:

My Rating: ☆1 ☆2 ☆3 ☆4 ☆5
(Circle or Shade)

Scenery: **Dull** 1 2 3 4 5 6 7 8 9 10 **Breathtaking**

Crowds: **Quiet** 1 2 3 4 5 6 7 8 9 10 **Overflowing**

Facilities: **Grungy** 1 2 3 4 5 6 7 8 9 10 **Well-Kept**

Who was with:

Where we stayed:

Weather:

Favorite Activities and Sites:

Wildlife:

Recommendations for others (or for next time):

Memories

- Park Stamps -

Bear Lake

State Park

Dates Visited:

My Rating: ☆1 ☆2 ☆3 ☆4 ☆5

(Circle or Shade)

Scenery:	**Dull**	1	2	3	4	5	6	7	8	9	10	**Breathtaking**
Crowds:	**Quiet**	1	2	3	4	5	6	7	8	9	10	**Overflowing**
Facilities:	**Grungy**	1	2	3	4	5	6	7	8	9	10	**Well-Kept**

Who was with:

Where we stayed:

Weather:

Favorite Activities and Sites:

Wildlife:

Recommendations for others (or for next time):

- Park Stamps -

Camp Floyd
State Park Museum

Dates Visited:

My Rating: ☆ ☆ ☆ ☆ ☆
(Circle or Shade)

Scenery:	**Dull**	1	2	3	4	5	6	7	8	9	10	**Breathtaking**
Crowds:	**Quiet**	1	2	3	4	5	6	7	8	9	10	**Overflowing**
Facilities:	**Grungy**	1	2	3	4	5	6	7	8	9	10	**Well-Kept**

Who was with:

Where we stayed:

Weather:

Favorite Activities and Sites:

Wildlife:

Recommendations for others (or for next time):

Memories

- Park Stamps -

Coral Pink

Sand Dunes State Park

Dates Visited:

My Rating: ☆1 ☆2 ☆3 ☆4 ☆5
(Circle or Shade)

Scenery:	**Dull**	1	2	3	4	5	6	7	8	9	10	**Breathtaking**
Crowds:	**Quiet**	1	2	3	4	5	6	7	8	9	10	**Overflowing**
Facilities:	**Grungy**	1	2	3	4	5	6	7	8	9	10	**Well-Kept**

Who was with:

Where we stayed:

Weather:

Favorite Activities and Sites:

Wildlife:

Recommendations for others (or for next time):

Memories

- Park Stamps -

Dead Horse Point
State Park

Dates Visited:

My Rating: ☆1 ☆2 ☆3 ☆4 ☆5
(Circle or Shade)

Scenery:	**Dull**	1	2	3	4	5	6	7	8	9	10	**Breathtaking**
Crowds:	**Quiet**	1	2	3	4	5	6	7	8	9	10	**Overflowing**
Facilities:	**Grungy**	1	2	3	4	5	6	7	8	9	10	**Well-Kept**

Who was with:

Where we stayed:

Weather:

Favorite Activities and Sites:

Wildlife:

Recommendations for others (or for next time):

Memories

- Park Stamps -

Deer Creek

State Park

Dates Visited:

My Rating: ☆ ☆ ☆ ☆ ☆ (1 2 3 4 5)
(Circle or Shade)

Scenery:	**Dull**	1	2	3	4	5	6	7	8	9	10	**Breathtaking**
Crowds:	**Quiet**	1	2	3	4	5	6	7	8	9	10	**Overflowing**
Facilities:	**Grungy**	1	2	3	4	5	6	7	8	9	10	**Well-Kept**

Who was with:

Where we stayed:

Weather:

Favorite Activities and Sites:

Wildlife:

Recommendations for others (or for next time):

Memories

- Park Stamps -

East Canyon
State Park

Dates Visited:

My Rating: ☆1 ☆2 ☆3 ☆4 ☆5
(Circle or Shade)

Scenery:	**Dull**	1	2	3	4	5	6	7	8	9	10	**Breathtaking**
Crowds:	**Quiet**	1	2	3	4	5	6	7	8	9	10	**Overflowing**
Facilities:	**Grungy**	1	2	3	4	5	6	7	8	9	10	**Well-Kept**

Who was with:

Where we stayed:

Weather:

Favorite Activities and Sites:

Wildlife:

Recommendations for others (or for next time):

Memories

- Park Stamps -

Echo
State Park

Dates Visited:

My Rating: ☆1 ☆2 ☆3 ☆4 ☆5
(Circle or Shade)

Scenery:	**Dull**	1	2	3	4	5	6	7	8	9	10	**Breathtaking**
Crowds:	**Quiet**	1	2	3	4	5	6	7	8	9	10	**Overflowing**
Facilities:	**Grungy**	1	2	3	4	5	6	7	8	9	10	**Well-Kept**

Who was with:

Where we stayed:

Weather:

Favorite Activities and Sites:

Wildlife:

Recommendations for others (or for next time):

Memories

- Park Stamps -

Edge of the Cedars
State Park

Dates Visited:

My Rating: ☆1 ☆2 ☆3 ☆4 ☆5
(Circle or Shade)

Scenery:	**Dull**	1	2	3	4	5	6	7	8	9	10	**Breathtaking**
Crowds:	**Quiet**	1	2	3	4	5	6	7	8	9	10	**Overflowing**
Facilities:	**Grungy**	1	2	3	4	5	6	7	8	9	10	**Well-Kept**

Who was with:

Where we stayed:

Weather:

Favorite Activities and Sites:

Wildlife:

Recommendations for others (or for next time):

Memories

- Park Stamps -

Escalante Petrified Forest
State Park

Dates Visited:

My Rating: ☆1 ☆2 ☆3 ☆4 ☆5
(Circle or Shade)

Scenery:	**Dull**	1	2	3	4	5	6	7	8	9	10	**Breathtaking**
Crowds:	**Quiet**	1	2	3	4	5	6	7	8	9	10	**Overflowing**
Facilities:	**Grungy**	1	2	3	4	5	6	7	8	9	10	**Well-Kept**

Who was with:

Where we stayed:

Weather:

Favorite Activities and Sites:

Wildlife:

Recommendations for others (or for next time):

Memories

- Park Stamps -

Flight Park
State Recreation Area

Dates Visited:

My Rating: ☆1 ☆2 ☆3 ☆4 ☆5
(Circle or Shade)

Scenery: **Dull** 1 2 3 4 5 6 7 8 9 10 **Breathtaking**

Crowds: **Quiet** 1 2 3 4 5 6 7 8 9 10 **Overflowing**

Facilities: **Grungy** 1 2 3 4 5 6 7 8 9 10 **Well-Kept**

Who was with:

Where we stayed:

Weather:

Favorite Activities and Sites:

Wildlife:

Recommendations for others (or for next time):

- Park Stamps -

Fred Hayes
State Park

Dates Visited:

My Rating: ☆ 1 ☆ 2 ☆ 3 ☆ 4 ☆ 5
(Circle or Shade)

Scenery:	**Dull**	1	2	3	4	5	6	7	8	9	10	**Breathtaking**
Crowds:	**Quiet**	1	2	3	4	5	6	7	8	9	10	**Overflowing**
Facilities:	**Grungy**	1	2	3	4	5	6	7	8	9	10	**Well-Kept**

Who was with:

Where we stayed:

Weather:

Favorite Activities and Sites:

Wildlife:

Recommendations for others (or for next time):

- Park Stamps -

Fremont Indian
State Park and Museum

Dates Visited:

My Rating: ☆ 1 ☆ 2 ☆ 3 ☆ 4 ☆ 5
(Circle or Shade)

Scenery:	**Dull**	1	2	3	4	5	6	7	8	9	10	**Breathtaking**
Crowds:	**Quiet**	1	2	3	4	5	6	7	8	9	10	**Overflowing**
Facilities:	**Grungy**	1	2	3	4	5	6	7	8	9	10	**Well-Kept**

Who was with:

Where we stayed:

Weather:

Favorite Activities and Sites:

Wildlife:

Recommendations for others (or for next time):

Memories

- Park Stamps -

Frontier Homestead
State Park Museum

Dates Visited:

My Rating: ☆1 ☆2 ☆3 ☆4 ☆5
(Circle or Shade)

Scenery:	**Dull**	1	2	3	4	5	6	7	8	9	10	**Breathtaking**
Crowds:	**Quiet**	1	2	3	4	5	6	7	8	9	10	**Overflowing**
Facilities:	**Grungy**	1	2	3	4	5	6	7	8	9	10	**Well-Kept**

Who was with:

Where we stayed:

Weather:

Favorite Activities and Sites:

Wildlife:

Recommendations for others (or for next time):

- Park Stamps -

Goblin Valley
State Park

Dates Visited:

My Rating: ☆1 ☆2 ☆3 ☆4 ☆5
(Circle or Shade)

Scenery:	**Dull**	1	2	3	4	5	6	7	8	9	10	**Breathtaking**
Crowds:	**Quiet**	1	2	3	4	5	6	7	8	9	10	**Overflowing**
Facilities:	**Grungy**	1	2	3	4	5	6	7	8	9	10	**Well-Kept**

Who was with:

Where we stayed:

Weather:

Favorite Activities and Sites:

Wildlife:

Recommendations for others (or for next time):

Memories

- Park Stamps -

Goosenecks
State Park

Dates Visited:

My Rating: ☆ ☆ ☆ ☆ ☆
(Circle or Shade)

Scenery: **Dull** 1 2 3 4 5 6 7 8 9 10 **Breathtaking**

Crowds: **Quiet** 1 2 3 4 5 6 7 8 9 10 **Overflowing**

Facilities: **Grungy** 1 2 3 4 5 6 7 8 9 10 **Well-Kept**

Who was with:

Where we stayed:

Weather:

Favorite Activities and Sites:

Wildlife:

Recommendations for others (or for next time):

Memories

- Park Stamps -

Great Salt Lake
State Park

Dates Visited:

My Rating: ☆1 ☆2 ☆3 ☆4 ☆5
(Circle or Shade)

Scenery: **Dull** 1 2 3 4 5 6 7 8 9 10 **Breathtaking**

Crowds: **Quiet** 1 2 3 4 5 6 7 8 9 10 **Overflowing**

Facilities: **Grungy** 1 2 3 4 5 6 7 8 9 10 **Well-Kept**

Who was with:

Where we stayed:

Weather:

Favorite Activities and Sites:

Wildlife:

Recommendations for others (or for next time):

Memories

- Park Stamps -

Green River
State Park

Dates Visited:

My Rating: ☆1 ☆2 ☆3 ☆4 ☆5
(Circle or Shade)

Scenery: **Dull** 1 2 3 4 5 6 7 8 9 10 **Breathtaking**

Crowds: **Quiet** 1 2 3 4 5 6 7 8 9 10 **Overflowing**

Facilities: **Grungy** 1 2 3 4 5 6 7 8 9 10 **Well-Kept**

Who was with:

Where we stayed:

Weather:

Favorite Activities and Sites:

Wildlife:

Recommendations for others (or for next time):

- Park Stamps -

Gunlock
State Park

Dates Visited:

My Rating: ☆1 ☆2 ☆3 ☆4 ☆5
(Circle or Shade)

Scenery:	**Dull**	1	2	3	4	5	6	7	8	9	10	**Breathtaking**
Crowds:	**Quiet**	1	2	3	4	5	6	7	8	9	10	**Overflowing**
Facilities:	**Grungy**	1	2	3	4	5	6	7	8	9	10	**Well-Kept**

Who was with:

Where we stayed:

Weather:

Favorite Activities and Sites:

Wildlife:

Recommendations for others (or for next time):

Memories

- Park Stamps -

Historic Union Pacific

Rail Trail

Dates Visited:

My Rating: ☆1 ☆2 ☆3 ☆4 ☆5
(Circle or Shade)

Scenery:	**Dull**	1	2	3	4	5	6	7	8	9	10	**Breathtaking**
Crowds:	**Quiet**	1	2	3	4	5	6	7	8	9	10	**Overflowing**
Facilities:	**Grungy**	1	2	3	4	5	6	7	8	9	10	**Well-Kept**

Who was with:

Where we stayed:

Weather:

Favorite Activities and Sites:

Wildlife:

Recommendations for others (or for next time):

- Park Stamps -

Huntington
State Park

Dates Visited:

My Rating: ☆1 ☆2 ☆3 ☆4 ☆5
(Circle or Shade)

Scenery:	**Dull**	1	2	3	4	5	6	7	8	9	10	**Breathtaking**
Crowds:	**Quiet**	1	2	3	4	5	6	7	8	9	10	**Overflowing**
Facilities:	**Grungy**	1	2	3	4	5	6	7	8	9	10	**Well-Kept**

Who was with:

Where we stayed:

Weather:

Favorite Activities and Sites:

Wildlife:

Recommendations for others (or for next time):

- Park Stamps -

Hyrum Lake
State Park

Dates Visited:

My Rating: ☆ 1 ☆ 2 ☆ 3 ☆ 4 ☆ 5
(Circle or Shade)

Scenery: **Dull** 1 2 3 4 5 6 7 8 9 10 **Breathtaking**

Crowds: **Quiet** 1 2 3 4 5 6 7 8 9 10 **Overflowing**

Facilities: **Grungy** 1 2 3 4 5 6 7 8 9 10 **Well-Kept**

Who was with:

Where we stayed:

Weather:

Favorite Activities and Sites:

Wildlife:

Recommendations for others (or for next time):

Memories

- Park Stamps -

Jordan River
Off-Highway Vehicle State Park

Dates Visited:

My Rating: ☆1 ☆2 ☆3 ☆4 ☆5
(Circle or Shade)

Scenery:	**Dull**	1	2	3	4	5	6	7	8	9	10	**Breathtaking**
Crowds:	**Quiet**	1	2	3	4	5	6	7	8	9	10	**Overflowing**
Facilities:	**Grungy**	1	2	3	4	5	6	7	8	9	10	**Well-Kept**

Who was with:

Where we stayed:

Weather:

Favorite Activities and Sites:

Wildlife:

Recommendations for others (or for next time):

Memories

- Park Stamps -

Jordanelle
State Park

Dates Visited:

My Rating: ☆1 ☆2 ☆3 ☆4 ☆5
(Circle or Shade)

Scenery:	**Dull**	1	2	3	4	5	6	7	8	9	10	**Breathtaking**
Crowds:	**Quiet**	1	2	3	4	5	6	7	8	9	10	**Overflowing**
Facilities:	**Grungy**	1	2	3	4	5	6	7	8	9	10	**Well-Kept**

Who was with:

Where we stayed:

Weather:

Favorite Activities and Sites:

Wildlife:

Recommendations for others (or for next time):

Memories

- Park Stamps -

Kodachrome Basin
State Park

Dates Visited:

My Rating: ☆1 ☆2 ☆3 ☆4 ☆5
(Circle or Shade)

Scenery:	**Dull**	1	2	3	4	5	6	7	8	9	10	**Breathtaking**
Crowds:	**Quiet**	1	2	3	4	5	6	7	8	9	10	**Overflowing**
Facilities:	**Grungy**	1	2	3	4	5	6	7	8	9	10	**Well-Kept**

Who was with:

Where we stayed:

Weather:

Favorite Activities and Sites:

Wildlife:

Recommendations for others (or for next time):

Lost Creek
State Park

Dates Visited:

My Rating: ☆ ☆ ☆ ☆ ☆ (1 2 3 4 5)
(Circle or Shade)

Scenery:	**Dull**	1	2	3	4	5	6	7	8	9	10	**Breathtaking**
Crowds:	**Quiet**	1	2	3	4	5	6	7	8	9	10	**Overflowing**
Facilities:	**Grungy**	1	2	3	4	5	6	7	8	9	10	**Well-Kept**

Who was with:

Where we stayed:

Weather:

Favorite Activities and Sites:

Wildlife:

Recommendations for others (or for next time):

Memories

- Park Stamps -

Millsite
State Park

Dates Visited:

My Rating: ☆1 ☆2 ☆3 ☆4 ☆5
(Circle or Shade)

Scenery:	**Dull**	1	2	3	4	5	6	7	8	9	10	**Breathtaking**
Crowds:	**Quiet**	1	2	3	4	5	6	7	8	9	10	**Overflowing**
Facilities:	**Grungy**	1	2	3	4	5	6	7	8	9	10	**Well-Kept**

Who was with:

Where we stayed:

Weather:

Favorite Activities and Sites:

Wildlife:

Recommendations for others (or for next time):

Memories

- Park Stamps -

Otter Creek
State Park

Dates Visited:

My Rating: ☆1 ☆2 ☆3 ☆4 ☆5
(Circle or Shade)

Scenery:	**Dull**	1	2	3	4	5	6	7	8	9	10	**Breathtaking**
Crowds:	**Quiet**	1	2	3	4	5	6	7	8	9	10	**Overflowing**
Facilities:	**Grungy**	1	2	3	4	5	6	7	8	9	10	**Well-Kept**

Who was with:

Where we stayed:

Weather:

Favorite Activities and Sites:

Wildlife:

Recommendations for others (or for next time):

Memories

- Park Stamps -

Palisade
State Park

Dates Visited:

My Rating: ☆1 ☆2 ☆3 ☆4 ☆5
(Circle or Shade)

Scenery:	**Dull**	1	2	3	4	5	6	7	8	9	10	**Breathtaking**
Crowds:	**Quiet**	1	2	3	4	5	6	7	8	9	10	**Overflowing**
Facilities:	**Grungy**	1	2	3	4	5	6	7	8	9	10	**Well-Kept**

Who was with:

Where we stayed:

Weather:

Favorite Activities and Sites:

Wildlife:

Recommendations for others (or for next time):

Memories

- *Park Stamps* -

Piute
State Park

Dates Visited:

My Rating: ☆1 ☆2 ☆3 ☆4 ☆5
(Circle or Shade)

Scenery:	**Dull**	1	2	3	4	5	6	7	8	9	10	**Breathtaking**
Crowds:	**Quiet**	1	2	3	4	5	6	7	8	9	10	**Overflowing**
Facilities:	**Grungy**	1	2	3	4	5	6	7	8	9	10	**Well-Kept**

Who was with:

Where we stayed:

Weather:

Favorite Activities and Sites:

Wildlife:

Recommendations for others (or for next time):

- Park Stamps -

Quail Creek
State Park

Dates Visited:

My Rating: ☆1 ☆2 ☆3 ☆4 ☆5
(Circle or Shade)

Scenery:	**Dull**	1	2	3	4	5	6	7	8	9	10	**Breathtaking**
Crowds:	**Quiet**	1	2	3	4	5	6	7	8	9	10	**Overflowing**
Facilities:	**Grungy**	1	2	3	4	5	6	7	8	9	10	**Well-Kept**

Who was with:

Where we stayed:

Weather:

Favorite Activities and Sites:

Wildlife:

Recommendations for others (or for next time):

- Park Stamps -

Red Fleet
State Park

Dates Visited:

My Rating: ☆1 ☆2 ☆3 ☆4 ☆5
(Circle or Shade)

Scenery: **Dull** 1 2 3 4 5 6 7 8 9 10 **Breathtaking**

Crowds: **Quiet** 1 2 3 4 5 6 7 8 9 10 **Overflowing**

Facilities: **Grungy** 1 2 3 4 5 6 7 8 9 10 **Well-Kept**

Who was with:

Where we stayed:

Weather:

Favorite Activities and Sites:

Wildlife:

Recommendations for others (or for next time):

Memories

- Park Stamps -

Rockport
State Park

Dates Visited:

My Rating: ☆1 ☆2 ☆3 ☆4 ☆5
(Circle or Shade)

Scenery:	**Dull**	1	2	3	4	5	6	7	8	9	10	**Breathtaking**
Crowds:	**Quiet**	1	2	3	4	5	6	7	8	9	10	**Overflowing**
Facilities:	**Grungy**	1	2	3	4	5	6	7	8	9	10	**Well-Kept**

Who was with:

Where we stayed:

Weather:

Favorite Activities and Sites:

Wildlife:

Recommendations for others (or for next time):

- Park Stamps -

Sand Hollow
State Park

Dates Visited:

My Rating: ☆ ☆ ☆ ☆ ☆
(Circle or Shade)

Scenery:	**Dull**	1	2	3	4	5	6	7	8	9	10	**Breathtaking**
Crowds:	**Quiet**	1	2	3	4	5	6	7	8	9	10	**Overflowing**
Facilities:	**Grungy**	1	2	3	4	5	6	7	8	9	10	**Well-Kept**

Who was with:

Where we stayed:

Weather:

Favorite Activities and Sites:

Wildlife:

Recommendations for others (or for next time):

Memories

- Park Stamps -

Scofield
State Park

Dates Visited:

My Rating: ☆1 ☆2 ☆3 ☆4 ☆5
(Circle or Shade)

Scenery: **Dull** 1 2 3 4 5 6 7 8 9 10 **Breathtaking**

Crowds: **Quiet** 1 2 3 4 5 6 7 8 9 10 **Overflowing**

Facilities: **Grungy** 1 2 3 4 5 6 7 8 9 10 **Well-Kept**

Who was with:

Where we stayed:

Weather:

Favorite Activities and Sites:

Wildlife:

Recommendations for others (or for next time):

Memories

- *Park Stamps* -

Snow Canyon

State Park

Dates Visited:

My Rating: ☆ ☆ ☆ ☆ ☆ (1 2 3 4 5)

(Circle or Shade)

Scenery: **Dull** 1 2 3 4 5 6 7 8 9 10 **Breathtaking**

Crowds: **Quiet** 1 2 3 4 5 6 7 8 9 10 **Overflowing**

Facilities: **Grungy** 1 2 3 4 5 6 7 8 9 10 **Well-Kept**

Who was with:

Where we stayed:

Weather:

Favorite Activities and Sites:

Wildlife:

Recommendations for others (or for next time):

Memories

- Park Stamps -

Steinaker
State Park

Dates Visited:

My Rating: ☆1 ☆2 ☆3 ☆4 ☆5
(Circle or Shade)

Scenery:	**Dull**	1	2	3	4	5	6	7	8	9	10	**Breathtaking**
Crowds:	**Quiet**	1	2	3	4	5	6	7	8	9	10	**Overflowing**
Facilities:	**Grungy**	1	2	3	4	5	6	7	8	9	10	**Well-Kept**

Who was with:

Where we stayed:

Weather:

Favorite Activities and Sites:

Wildlife:

Recommendations for others (or for next time):

Memories

- Park Stamps -

Territorial State House

State Park Museum

Dates Visited:

My Rating: ☆1 ☆2 ☆3 ☆4 ☆5
(Circle or Shade)

Scenery:	**Dull**	1	2	3	4	5	6	7	8	9	10	**Breathtaking**
Crowds:	**Quiet**	1	2	3	4	5	6	7	8	9	10	**Overflowing**
Facilities:	**Grungy**	1	2	3	4	5	6	7	8	9	10	**Well-Kept**

Who was with:

Where we stayed:

Weather:

Favorite Activities and Sites:

Wildlife:

Recommendations for others (or for next time):

Memories

- Park Stamps -

This is The Place
Heritage Park

Dates Visited:

My Rating: ☆1 ☆2 ☆3 ☆4 ☆5
(Circle or Shade)

Scenery:	**Dull**	1	2	3	4	5	6	7	8	9	10	**Breathtaking**
Crowds:	**Quiet**	1	2	3	4	5	6	7	8	9	10	**Overflowing**
Facilities:	**Grungy**	1	2	3	4	5	6	7	8	9	10	**Well-Kept**

Who was with:

Where we stayed:

Weather:

Favorite Activities and Sites:

Wildlife:

Recommendations for others (or for next time):

Utah Field House

Of Natural History State Park Museum

Dates Visited:

My Rating: ☆ ☆ ☆ ☆ ☆

(Circle or Shade)

Scenery:	**Dull**	1	2	3	4	5	6	7	8	9	10	**Breathtaking**
Crowds:	**Quiet**	1	2	3	4	5	6	7	8	9	10	**Overflowing**
Facilities:	**Grungy**	1	2	3	4	5	6	7	8	9	10	**Well-Kept**

Who was with:

Where we stayed:

Weather:

Favorite Activities and Sites:

Wildlife:

Recommendations for others (or for next time):

Memories

- Park Stamps -

Utah Lake
State Park

Dates Visited:

My Rating: ☆1 ☆2 ☆3 ☆4 ☆5
(Circle or Shade)

Scenery:	**Dull**	1	2	3	4	5	6	7	8	9	10	**Breathtaking**
Crowds:	**Quiet**	1	2	3	4	5	6	7	8	9	10	**Overflowing**
Facilities:	**Grungy**	1	2	3	4	5	6	7	8	9	10	**Well-Kept**

Who was with:

Where we stayed:

Weather:

Favorite Activities and Sites:

Wildlife:

Recommendations for others (or for next time):

- Park Stamps -

Utahraptor
State Park

Dates Visited:

My Rating: ☆ ☆ ☆ ☆ ☆
(Circle or Shade)

Scenery:	**Dull**	1	2	3	4	5	6	7	8	9	10	**Breathtaking**
Crowds:	**Quiet**	1	2	3	4	5	6	7	8	9	10	**Overflowing**
Facilities:	**Grungy**	1	2	3	4	5	6	7	8	9	10	**Well-Kept**

Who was with:

Where we stayed:

Weather:

Favorite Activities and Sites:

Wildlife:

Recommendations for others (or for next time):

- Park Stamps -

Wasatch Mountain
State Park

Dates Visited:

My Rating: ☆1 ☆2 ☆3 ☆4 ☆5
(Circle or Shade)

Scenery:	**Dull**	1	2	3	4	5	6	7	8	9	10	**Breathtaking**
Crowds:	**Quiet**	1	2	3	4	5	6	7	8	9	10	**Overflowing**
Facilities:	**Grungy**	1	2	3	4	5	6	7	8	9	10	**Well-Kept**

Who was with:

Where we stayed:

Weather:

Favorite Activities and Sites:

Wildlife:

Recommendations for others (or for next time):

- Park Stamps -

Willard Bay

State Park

Dates Visited:

My Rating: ☆1 ☆2 ☆3 ☆4 ☆5
(Circle or Shade)

Scenery:	**Dull**	1	2	3	4	5	6	7	8	9	10 **Breathtaking**
Crowds:	**Quiet**	1	2	3	4	5	6	7	8	9	10 **Overflowing**
Facilities:	**Grungy**	1	2	3	4	5	6	7	8	9	10 **Well-Kept**

Who was with:

Where we stayed:

Weather:

Favorite Activities and Sites:

Wildlife:

Recommendations for others (or for next time):

Memories

- Park Stamps -

Yuba
State Park

Dates Visited:

My Rating: ☆1 ☆2 ☆3 ☆4 ☆5
(Circle or Shade)

Scenery:	**Dull**	1	2	3	4	5	6	7	8	9	10	**Breathtaking**
Crowds:	**Quiet**	1	2	3	4	5	6	7	8	9	10	**Overflowing**
Facilities:	**Grungy**	1	2	3	4	5	6	7	8	9	10	**Well-Kept**

Who was with:

Where we stayed:

Weather:

Favorite Activities and Sites:

Wildlife:

Recommendations for others (or for next time):

Memories

- Park Stamps -

Arches
National Park

Dates Visited:

My Rating: ☆1 ☆2 ☆3 ☆4 ☆5
(Circle or Shade)

Scenery:	**Dull**	1	2	3	4	5	6	7	8	9	10	**Breathtaking**
Crowds:	**Quiet**	1	2	3	4	5	6	7	8	9	10	**Overflowing**
Facilities:	**Grungy**	1	2	3	4	5	6	7	8	9	10	**Well-Kept**

Who was with:

Where we stayed:

Weather:

Favorite Activities and Sites:

Wildlife:

Recommendations for others (or for next time):

Bryce Canyon
National Park

Dates Visited:

My Rating: ☆1 ☆2 ☆3 ☆4 ☆5
(Circle or Shade)

Scenery:	**Dull**	1	2	3	4	5	6	7	8	9	10	**Breathtaking**
Crowds:	**Quiet**	1	2	3	4	5	6	7	8	9	10	**Overflowing**
Facilities:	**Grungy**	1	2	3	4	5	6	7	8	9	10	**Well-Kept**

Who was with:

Where we stayed:

Weather:

Favorite Activities and Sites:

Wildlife:

Recommendations for others (or for next time):

Memories

- Park Stamps -

Canyonlands
National Park

Dates Visited:

My Rating: ☆1 ☆2 ☆3 ☆4 ☆5
(Circle or Shade)

Scenery:	**Dull**	1	2	3	4	5	6	7	8	9	10	**Breathtaking**
Crowds:	**Quiet**	1	2	3	4	5	6	7	8	9	10	**Overflowing**
Facilities:	**Grungy**	1	2	3	4	5	6	7	8	9	10	**Well-Kept**

Who was with:

Where we stayed:

Weather:

Favorite Activities and Sites:

Wildlife:

Recommendations for others (or for next time):

Memories

- Park Stamps -

Capitol Reef
National Park

Dates Visited:

My Rating: ☆1 ☆2 ☆3 ☆4 ☆5
(Circle or Shade)

Scenery:	**Dull**	1	2	3	4	5	6	7	8	9	10	**Breathtaking**
Crowds:	**Quiet**	1	2	3	4	5	6	7	8	9	10	**Overflowing**
Facilities:	**Grungy**	1	2	3	4	5	6	7	8	9	10	**Well-Kept**

Who was with:

Where we stayed:

Weather:

Favorite Activities and Sites:

Wildlife:

Recommendations for others (or for next time):

Memories

- Park Stamps -

Cedar Breaks
National Monument

Dates Visited:

My Rating: ☆1 ☆2 ☆3 ☆4 ☆5
(Circle or Shade)

Scenery:	**Dull**	1	2	3	4	5	6	7	8	9	10	**Breathtaking**
Crowds:	**Quiet**	1	2	3	4	5	6	7	8	9	10	**Overflowing**
Facilities:	**Grungy**	1	2	3	4	5	6	7	8	9	10	**Well-Kept**

Who was with:

Where we stayed:

Weather:

Favorite Activities and Sites:

Wildlife:

Recommendations for others (or for next time):

Memories

- Park Stamps -

Dinosaur
National Monument

Dates Visited:

My Rating: ☆1 ☆2 ☆3 ☆4 ☆5
(Circle or Shade)

Scenery:	**Dull**	1	2	3	4	5	6	7	8	9	10	**Breathtaking**
Crowds:	**Quiet**	1	2	3	4	5	6	7	8	9	10	**Overflowing**
Facilities:	**Grungy**	1	2	3	4	5	6	7	8	9	10	**Well-Kept**

Who was with:

Where we stayed:

Weather:

Favorite Activities and Sites:

Wildlife:

Recommendations for others (or for next time):

Memories

- Park Stamps -

Flaming Gorge
National Recreation Area

Dates Visited:

My Rating: ☆1 ☆2 ☆3 ☆4 ☆5
(Circle or Shade)

Scenery:	**Dull**	1	2	3	4	5	6	7	8	9	10	**Breathtaking**
Crowds:	**Quiet**	1	2	3	4	5	6	7	8	9	10	**Overflowing**
Facilities:	**Grungy**	1	2	3	4	5	6	7	8	9	10	**Well-Kept**

Who was with:

Where we stayed:

Weather:

Favorite Activities and Sites:

Wildlife:

Recommendations for others (or for next time):

- Park Stamps -

Glen Canyon
National Recreation Area

Dates Visited:

My Rating: ☆1 ☆2 ☆3 ☆4 ☆5
(Circle or Shade)

Scenery:	**Dull**	1	2	3	4	5	6	7	8	9	10	**Breathtaking**
Crowds:	**Quiet**	1	2	3	4	5	6	7	8	9	10	**Overflowing**
Facilities:	**Grungy**	1	2	3	4	5	6	7	8	9	10	**Well-Kept**

Who was with:

Where we stayed:

Weather:

Favorite Activities and Sites:

Wildlife:

Recommendations for others (or for next time):

- Park Stamps -

Golden Spike
National Historic Park

Dates Visited:

My Rating: ☆1 ☆2 ☆3 ☆4 ☆5
(Circle or Shade)

Scenery:	**Dull**	1	2	3	4	5	6	7	8	9	10	**Breathtaking**
Crowds:	**Quiet**	1	2	3	4	5	6	7	8	9	10	**Overflowing**
Facilities:	**Grungy**	1	2	3	4	5	6	7	8	9	10	**Well-Kept**

Who was with:

Where we stayed:

Weather:

Favorite Activities and Sites:

Wildlife:

Recommendations for others (or for next time):

- Park Stamps -

Hovenweep
National Monument

Dates Visited:

My Rating: ☆1 ☆2 ☆3 ☆4 ☆5
(Circle or Shade)

Scenery:	**Dull**	1	2	3	4	5	6	7	8	9	10	**Breathtaking**
Crowds:	**Quiet**	1	2	3	4	5	6	7	8	9	10	**Overflowing**
Facilities:	**Grungy**	1	2	3	4	5	6	7	8	9	10	**Well-Kept**

Who was with:

Where we stayed:

Weather:

Favorite Activities and Sites:

Wildlife:

Recommendations for others (or for next time):

- Park Stamps -

Little Sahara
National Recreation Area

Dates Visited:

My Rating: ☆1 ☆2 ☆3 ☆4 ☆5
(Circle or Shade)

Scenery:	**Dull**	1	2	3	4	5	6	7	8	9	10	**Breathtaking**
Crowds:	**Quiet**	1	2	3	4	5	6	7	8	9	10	**Overflowing**
Facilities:	**Grungy**	1	2	3	4	5	6	7	8	9	10	**Well-Kept**

Who was with:

Where we stayed:

Weather:

Favorite Activities and Sites:

Wildlife:

Recommendations for others (or for next time):

Memories

- Park Stamps -

Sweet Ranch

National Historic Site

Dates Visited:

My Rating: ☆1 ☆2 ☆3 ☆4 ☆5
(Circle or Shade)

Scenery:	**Dull**	1	2	3	4	5	6	7	8	9	10	**Breathtaking**
Crowds:	**Quiet**	1	2	3	4	5	6	7	8	9	10	**Overflowing**
Facilities:	**Grungy**	1	2	3	4	5	6	7	8	9	10	**Well-Kept**

Who was with:

Where we stayed:

Weather:

Favorite Activities and Sites:

Wildlife:

Recommendations for others (or for next time):

Memories

- Park Stamps -

Timpanogos Cave
National Monument

Dates Visited:

My Rating: ☆ 1 ☆ 2 ☆ 3 ☆ 4 ☆ 5
(Circle or Shade)

Scenery: **Dull** 1 2 3 4 5 6 7 8 9 10 **Breathtaking**

Crowds: **Quiet** 1 2 3 4 5 6 7 8 9 10 **Overflowing**

Facilities: **Grungy** 1 2 3 4 5 6 7 8 9 10 **Well-Kept**

Who was with:

Where we stayed:

Weather:

Favorite Activities and Sites:

Wildlife:

Recommendations for others (or for next time):

Memories

- Park Stamps -

Zion
National Park

Dates Visited:

My Rating: ☆1 ☆2 ☆3 ☆4 ☆5
(Circle or Shade)

Scenery: **Dull** 1 2 3 4 5 6 7 8 9 10 **Breathtaking**

Crowds: **Quiet** 1 2 3 4 5 6 7 8 9 10 **Overflowing**

Facilities: **Grungy** 1 2 3 4 5 6 7 8 9 10 **Well-Kept**

Who was with:

Where we stayed:

Weather:

Favorite Activities and Sites:

Wildlife:

Recommendations for others (or for next time):

Memories

- *Park Stamps* -

Regional Parks, Museums, Battlefields, Mountains, Lakes, Rivers, Trails, and *Other Fun Places.*

Notes:

Notes:

Notes:

Regional Parks, Museums, Battlefields, Mountains, Lakes, Rivers, Trails, and *Other Fun Places.*

Notes:

Regional Parks, Museums, Battlefields, Mountains, Lakes, Rivers, Trails, and *Other Fun Places.*

Notes:

Notes:

Notes:

Notes:

Notes:

Notes:

Regional Parks, Museums, Battlefields, Mountains, Lakes, Rivers, Trails, and *Other Fun Places.*

Notes:

Regional Parks, Museums, Battlefields, Mountains, Lakes, Rivers, Trails, and *Other Fun Places.*

Notes:

Notes:

Regional Parks, Museums, Battlefields, Mountains, Lakes, Rivers, Trails, and *Other Fun Places.*

Notes:

Notes:

Notes:

Notes:

Notes:

Notes:

Notes:

Notes:

Regional Parks, Museums, Battlefields, Mountains, Lakes, Rivers, Trails, and *Other Fun Places.*

Notes:

Notes:

Regional Parks, Museums, Battlefields, Mountains, Lakes, Rivers, Trails, and *Other Fun Places.*

Notes:

Notes:

Regional Parks, Museums, Battlefields, Mountains, Lakes, Rivers, Trails, and *Other Fun Places.*

Notes:

ISBN: 978-1-63578-6010-1

Current contact information for Libro Studio LLC can be found at www.LibroStudioLLC.com

Image Credits:
Photoonlife/Shutterstock.com (cover)
Andrew Zarivny/Shutterstock.com (cover)
Anan Kaewkhammul/Shutterstock.com (cover)
Rainer Lesniewski /Shutterstock.com (cover and page 3)
Nina B/Shutterstock.com (page 1)

Disclaimers:

This book and its contents are provided "AS IS" without warranty of any kind, expressed or implied, and hereby disclaims all implied warranties, including any warranty of merchantability and warranty of fitness for a particular purpose.

The creator and publisher DO NOT GUARANTEE THE ACCURACY, RELIABILITY, OR COMPLETENESS OF THE CONTENT OF THIS BOOK OR RELATED RESOURSES AND IS NOT RESPONSIBLE FOR ANY ERRORS OR OMISSIONS. We apologize for any inaccurate, outdated, or misleading information. Feel free to contact us if you have questions or concerns.

"**Conservation** means development
As much as it does **protection."**
~ Theodore Roosevelt

"**In every walk with Nature**
one receives far more than he seeks."
~ John Muir

Rosie Trip

Made in United States
Troutdale, OR
10/30/2024

24293716R00086